AF385169

PROCÈS

DU JOURNAL

LA FRANCE.

———◆———

AUDIENCE DU 24 AVRIL 1841.

Prix : 25 centimes.

Se vend au profit des réfugiés espagnols,

A PARIS,

CHEZ TH. PITRAT, ÉDITEUR, 9, RUE DE L'ÉPERON,

ET DANS LES DÉPARTEMENTS

CHEZ LES PRINCIPAUX LIBRAIRES.

1841

PROCÈS

DU JOURNAL

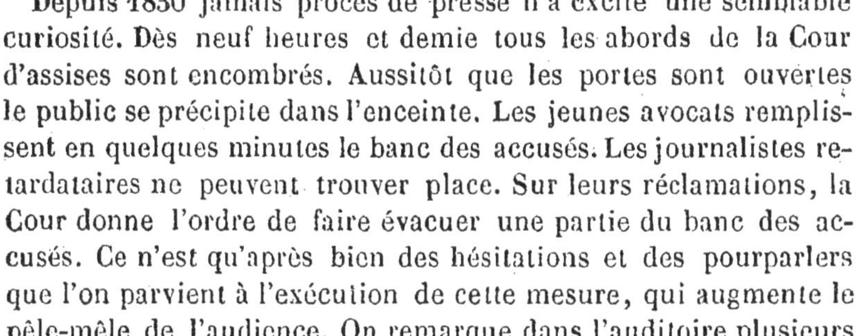

LA FRANCE.

Depuis 1830 jamais procès de presse n'a excité une semblable curiosité. Dès neuf heures et demie tous les abords de la Cour d'assises sont encombrés. Aussitôt que les portes sont ouvertes le public se précipite dans l'enceinte. Les jeunes avocats remplissent en quelques minutes le banc des accusés. Les journalistes retardataires ne peuvent trouver place. Sur leurs réclamations, la Cour donne l'ordre de faire évacuer une partie du banc des accusés. Ce n'est qu'après bien des hésitations et des pourparlers que l'on parvient à l'exécution de cette mesure, qui augmente le pêle-mêle de l'audience. On remarque dans l'auditoire plusieurs notabilités légitimistes : M. le comte de Kergorlay, M. le duc de Fitz-James, M. le marquis de Larochejacquelein, M. le duc de Lorges, M. le comte de Rességuier, M. le vicomte d'Arlincourt, M. le comte Charles de Bourmont, etc., etc. Un double rang de magistrats en habits de ville occupe des siéges derrière la Cour.

A dix heures et demie l'audience est ouverte. M. l'avocat-général Partarrieu-Lafosse occupe le siége du ministère public. M\eeg Berryer et Auguste Johannet sont au banc de la défense. Ce n'est qu'au bout de quelques minutes que M. le président peut prendre la parole.

M. le président. Nous rappelons au public qu'il doit observer le plus grand silence. Tous signes d'approbation et d'improbation sont sévèrement interdits. Nous serions obligé de faire sortir de l'auditoire les personnes qui ne se conformeraient pas à notre avertissement. (S'adressant au prévenu.) Prévenu, vos noms et prénoms?

Le prévenu. Hugues-Stanislas-Ernest Lebeau de Montour.

D. Votre profession? — R. Gérant du journal *la France.*

Nous n'avons pas besoin de rappeler les circonstances au milieu desquelles ce procès est né. Elles sont présentes à tous les esprits. C'est dans son numéro du 24 janvier que le journal *la France* a publié l'article et les fragments de lettres qui sont l'objet de la prévention.

Voici le texte de l'article publié par *la France* dans son numéro du 24 janvier :

La politique personnelle de Louis-Philippe expliquée par lui-même.

Louis-Philippe a un système de politique dont il poursuit la réalisation à travers les changements de ministère. Il a sans cesse cherché, en exerçant son droit constitutionnel, à former un cabinet qui associât sa responsabilité parlementaire et légale à la mise en pratique de sa pensée intime et personnelle. L'a-t-il enfin trouvé dans le ministère du 29 octobre ?

M. Thiers lui-même n'est-il pas entré dans la direction du système en exécutant sur ordonnance, puis en défendant devant la Chambre le projet de fortifier Paris ? Ce sont là des questions graves et sérieuses, et les documents que nous mettons sous les yeux de la France feront évanouir beaucoup d'incertitudes.

Nous avons toujours pensé que la politique du système personnel irresponsable avait eu pour but de donner à l'Europe des garanties, afin d'éviter la guerre ; ces garanties consistaient dans un plan de compression de la révolution à l'intérieur.

Une correspondance destinée à agir sur les cours de l'Europe a passé sous nos yeux. Probablement elle n'a dû sa révélation qu'aux indiscrétions anti-diplomatiques dont les ministres du gouvernement de juillet ont donné l'exemple à la tribune dans la discussion de l'adresse. Nous en reproduisons quelques fragments qui remontent aux premières années de la révolution de 1830, et qui montrent que dès cette époque l'avenir était engagé, imprudemment peut-être, sur les points suivants :

Les traités de 1815 déclarés inviolables.

La fortification de Paris comme moyen de contenir la capitale.

L'abandon d'Alger promis à l'Angleterre.

L'alliance anglaise comme prix de cet abandon.

L'abandon de la Pologne.

Les documents que nous publions n'apprendront rien sans doute à ceux qui savent, mais ils serviront à rectifier beaucoup d'erreurs, et à montrer sous leur aspect véritable les premières années de la révolution de juillet, dont l'histoire est encore à faire.

. . . .

« La voilà cette fameuse épître, vous qui *n'ignorez* rien des nécessités qui l'ont inspirée, vous seul ne vous tromperez pas sur le véritable sens qu'elle doit avoir pour nous, et quoique je vous la copie moi-même, je me garderai de vous dire *tenez vous-en rigoureusement* et consciencieusement *à la lettre.*

« En thèse générale, ma résolution la plus sincère et la plus ferme est de maintenir inviolables tous les traités qui ont été conclus depuis quinze ans entre les puissances de l'Europe et la France. Quant à ce qui concerne l'occupation d'Alger, j'ai des motifs plus particuliers et plus puissants encore pour remplir fidèlement les engagements que ma famille a pris envers la Grande-Bretagne.

« Ces motifs sont le vif désir que j'éprouve d'être agréable à Sa Majesté britannique, et ma conviction profonde qu'une alliance intime entre les deux pays est nécessaire, non seulement à leurs intérêts réciproques, mais encore à l'intérêt de la liberté et de la civilisation de l'Europe. Vous pouvez donc, monsieur l'ambassadeur, affirmer à votre gouvernement que le mien se conformera ponctuellement à tous les engagements pris par Sa Majesté Charles X relativement à l'affaire d'Alger.

« Mais je vous prie d'appeler l'attention du cabinet britannique sur l'état actuel des esprits en France, de lui faire observer que l'évacuation d'Alger serait le signal des plus violentes récriminations contre mon gouvernement, qu'elle pourrait amener des résultats désastreux, et qu'il importe à la paix de l'Europe de ne point dépopulariser un pouvoir naissant et qui travaille à se constituer. Il faut donc que rassuré sur nos intentions et convaincu de notre ferme volonté de remplir envers elle la promesse de la Restauration, Sa Majesté britannique nous laisse le choix du temps et les moyens. »

. . . .

« Il paraît que vous n'avez pas encore réussi à faire comprendre à Vienne et à Saint-Pétersbourg que, sans la non-intervention, l'Europe était ébranlée, que l'Autriche eût perdu l'Italie comme on a enlevé la Belgique à la Hollande. A-t-on pu ou dû oublier que, lors du gouvernement Czartoriski, la Pologne en masse, sous l'influence révolutionnaire, eût été debout, et que, sans notre sage et salutaire influence, elle se fût unie à la France pour repousser, pour écraser, qu'on n'en doute pas, la Russie malgré ses forces colossales, parce qu'il est immortellement vrai que *lorsqu'un peuple vraiment peuple* est debout pour sa liberté il n'y a aucun pouvoir absolu qui suffise pour le dompter. J'avais mieux espéré des éclaircissements que vous avez dû donner sur l'immensité du service que nous avons rendu à la Russie, à l'Autriche, et à la Prusse, service qui ressort du fait, puisque la Pologne a succombé, et non pas sans quelque péril pour nous. Qu'on y songe un peu plus pour ne pas nous mettre dans la nécessité d'en faire souvenir sans-cesse.

« N'avez-vous pas les deux lettres de Lafayette, contenant les reproches à notre ministre *d'avoir paralysé par ses conseils et promesses les moyens de défense de la Pologne?* En faut-il plus pour les cabinets de Vienne et Saint-Pétersbourg, et peut-on ignorer tout le danger qui existait pour la Russie dans les plans et le système de défense adoptés par les Polonais sous le prince Adam, et voudrait-on oublier ce qu'on nous doit à nous comme unique et puissant moteur des mesures qui ont paralysé ces résolutions, neutralisé le système et réalisé les paroles prophétiques de Sébastiani?

« Mais brisons là-dessus ; la Pologne n'est plus, et c'est nous, bien plus que le vainqueur de Varsovie, que le cabinet de Saint-Pétersbourg doit remercier d'avoir écrasé ce foyer d'incessante rébellion. Faites qu'on s'en souvienne un peu plus à Vienne, et surtout à Saint-Pétersbourg.

. . . .

« Il y a d'épouvantables conséquences à redouter dans les crises politiques lorsqu'une volonté sage et prévoyante se trouve en inévitable contact avec l'obstination d'un zèle qui peut, dans ces cas, se réputer hardiment mauvais vouloir. Si, au lieu d'en finir brutalement avec les artilleurs civiques, l'on eût suivi mon seul avis, qu'on eût flatté, cajolé ces hommes, qu'on leur eût fait entrevoir que, si l'on pensait à construire des forts, c'était pour leur en confier la garde, si on leur eût persuadé qu'en cas d'une invasion Paris ne pourrait devoir son salut qu'à de pareils défenseurs, si enfin, au lieu d'une destitution brusque on eût pris ces *citoyens* par la vanité, Arago et les siens n'eussent pas été admis à prouver que les forts, bien loin d'être destinés à repousse r une invasion étrangère, deviendraient, le cas échéant, une ressource victorieuse pour maintenir dans le devoir et la soumision la très-turbulente population de Paris et *ses aimables faubourgs*.

« C'était du temps qu'il fallait gagner, et au lieu d'irriter les esprits il fallait endormir le civisme en émoi pour le préparer au salutaire moment où une ordonnance nous eût fait justice de tout récalcitrant. Du reste, rien ne me fera renoncer à un projet si sagement conçu, et à l'exécution duquel, dans l'état de choses où se trouve la France. j'attache, en quelque sorte, non certes la durée de la monarchie constitutionnelle, mais la perpétuité de ma dynastie, ce qui sonne mieux et vaut mieux pour la France. Qu'on se persuade bien que moi seul je pouvais a ffronter, diriger et vaincre l'hydre révolutionnaire. Qu'on nous en sache donc un peu plus de gré. On ne tient aucun compte de nos efforts inouïs, on ne sait pas à quel peuple nous avons à faire, et que depuis quarante ans on peut regarder Paris comme étant la France.

« Qu'on s'assure donc que je ne renonce pas à mon projet ni à celui de maîtriser la presse, notre plus dangereuse ennemie. On a gagné une grande partie des écrivains, les autres suivront, et le calme succédera aux excitations malignes et journalières de ces plumes guerroyantes. Qu'on pense à ce que juillet eût pu attirer sur l'Europe en 1830. Que l'on voie ce que notre seule et forte volonté a fait de cette effrayante ébullition populaire. Que l'on juge par là ce que nous ferons, et surtout qu'aucune des puissances n'oublie que nous seul pouvions le faire, sauver la France et l'Europe, et que nous l'avons fait.

« Que ni Vienne, ni Saint-Pétersbourg, ni Berlin ne l'oublient. »

Le lendemain de la publication de cet article, les fragments de lettres qui précèdent furent reproduits par cinq journaux de Paris, *le National, la Quotidienne, le Commerce,* la *Gazette de France* et *l'Écho français.* Ces publications produisirent une assez vive sensation ; des poursuites ne tardèrent pas à être dirigées tant contre le journal qui avait publié les lettres que contre les journaux qui les avaient reproduites. Le rédacteur en chef et le gérant de *la France* furent mis en état d'arrestation sous l'inculpation de faux, et une instruction se suivit. Cette instruction se termina par une ordonnance de non-lieu sur le chef de faux. M. de Montour, gérant de *la France,* fut seul renvoyé devant le jury sous la prévention d'offense envers la personne du Roi. Tous les journaux reproducteurs furent mis hors de cause.

M. le greffier Duchesne donne lecture de l'arrêt qui renvoi M. de Montour devant le jury sous la prévention d'offense envers la personne du Roi.

M. le président, au prévenu : Avant de donner la parole au ministère public, je dois vous demander si vous acceptez la responsabilité des articles et lettres qui ont été publiés dans le journal dont vous êtes le gérant.

Le gérant. Oui, monsieur.

D. Avez-vous entre vos mains des pièces que vous ayez l'intention de faire connaître dans le cours de ce débat ? (Mouvement général d'attention.)

R. Nous le dirons dans notre défense.

D. Vous avez dit formellement dans votre premier interrogatoire que vous avez entre les mains les originaux des lettres que vous avez publiées et que vous les produiriez devant le jury. Notre devoir est de vous interpeller sur ce point. Si vous avez quelque production à faire, voici le moment. Il faut, avant que le ministère public prenne la parole, qu'il sache sur quel terrain le débat doit s'engager. Qu'avez-vous à répondre? — *R.* Je m'en rapporte au débat; le jury appréciera.

D. Votre réponse ne saurait suffire; c'est là un point essentiel. En matière de presse le délit est dans l'écrit publié; mais, par suite de la singularité de cette affaire, il a été question de pièces qui ne sont pas encore devenues pièces du procès : nous voulons parler de pièces que vous avez dites originales et qui ont servi de base à l'accusation. Maintenant nous avons à vous demander si vous avez à invoquer autre chose que le journal publié ou d'autres documents dont il serait essentiel de donner connaissance avant l'ouverture de la discussion.

M. de Montour. Mon défenseur répondra au ministère public et justifiera la publication.

M. le président. Ainsi, sur la demande catégorique que je vous adresse, tendant à savoir si vous avez à produire quelques originaux ou quelques pièces que ce soit qui puissent servir de base à la discussion, vous répondez que vous n'avez rien à produire? — *R.* Mon défenseur n'a rien à produire avant que son tour de parole soit arrivé.

M. l'avocat-général. Est-ce que votre défenseur croirait avoir quelque production à faire dans sa plaidoirie?

Me Berryer. Le journal *la France* est traduit devant le jury comme s'étant rendu coupable d'offense en publiant des lettres : nous attendrons le développement de l'accusation pour mesurer le système de la défense aux moyens de l'accusation.

M. l'avocat-général. Ainsi vous n'avez rien à produire quant à présent?

Mᵉ Berryer. Rien quant à présent. Nous attendrons le développement du système de l'accusation.

M. l'avocat-général. Nous prenons acte de l'interpellation positive de M. le président et de la nôtre. La réponse du prévenu nous l'acceptons, il le faut bien, mais nous avons le droit de nous en étonner. Si en effet il y avait eu production quelconque à faire à un moment quelconque, c'était évidemment dès l'ouverture de ces débats, à l'ouverture même de cette audience.

Mᵉ Berryer. Je réponds encore qu'il nous est impossible de nous expliquer avant d'avoir entendu M. l'avocat-général; je l'ai déjà dit, notre réponse sera mesurée sur le système de l'accusation.

M. l'avocat-général. Notre système est connu, il est fixé par l'ordonnance de renvoi; il s'agit d'une prévention d'offense.

Mᵉ Berryer. La défense répondra à une prévention d'offense.

M. Partarrieu-Lafosse prend la parole et soutient l'accusation. Il commence en ces termes :

« La calomnie est un art en progrès. On a cru pendant longtemps que pour offenser la personne d'un roi il pouvait suffire d'élever contre lui des accusations injurieuses, de lui imputer des faits qui, s'ils étaient vrais, le déconsidéreraient dans l'opinion publique. Mais il y a à ce système d'attaquer un système une réponse que les partis peuvent aisément prévoir. Ainsi des imputations, on les détruit par des assertions contraires. Un roi est attaqué dans telle ou telle partie de sa politique ; ceux qui ont mission de le défendre de ces attaques par des faits contraires, qui sont consignés aussitôt dans des documents qui restent, ne manquent pas à leur mission, l'accusation est repoussée.

« Mais on a imaginé depuis quelques années une nature d'attaques plus périlleuse assurément, mais aussi bien plus odieuse de la part de ceux qui y ont recours. Ce mode d'attaque est celui-ci : L'écriture d'un roi peut être facilement connue. L'art des faussaires peut s'appliquer à l'écriture d'un roi comme il peut s'appliquer à l'écriture d'un simple particulier. Si des lettres étaient imaginaires, si l'on attribuait à ce roi d'avoir à tel ou tel titre écrit une lettre où, mettant à nu sa conscience, il montrerait lui-même (pour appeler les choses par leur nom) quelles sont les turpitudes de sa conscience, où il s'accuserait lui-même par son propre langage, combien ce nouveau moyen d'attaque deviendrait excellent! se sont-ils écrié. Voyez en effet dans quelle position un roi serait placé.

« Faudra-t-il, comme dans une affaire de faux ordinaire, qu'il vienne dénier personnellement les lettres qui lui sont attribuées? Faudra-t-il ensuite qu'il vienne de sa main tracer un corps d'écriture qui serve de pièce de comparaison, et quand toutes ces pièces seront faites, faudra-t-il que des experts viennent les examiner pour que sur l'examen fait par les experts une décision puisse intervenir plus tard? Oh! mais alors que d'incertitudes! Ce qu'on a dit si souvent de la science conjecturale des experts reviendra ici avec une force toute nouvelle. Croirait-on à une indépendance qui permettrait de dire que s'ils ont méconnu l'écriture du Roi, c'est parce que leur conscience leur ordonnait de la méconnaître? Comment pourrait-on arriver à ce résultat de prouver d'une manière complète, sans possibilité de soupçon, l'identité des lettres attaquées?

« Il y aurait donc ainsi impossibilité de défense. Ce calcul que nous appellions odieux tout à l'heure, non pas au nom d'une politique quelconque, mais au nom de la plus simple et de la plus vulgaire probité, ce calcul, c'est celui que *la France* a fait dans l'article que nous vous déférons, c'est celui dont elle a dit le but avant d'insérer ces fragments de correspondance et dans tous les articles publiés par elle.

« Le point de départ de l'accusation consiste donc dans la lecture de l'article et des fragments de lettres; nous le ferons sans commentaires, sans réflexions. »

Après avoir fait cette lecture, M. l'avocat-général continue ainsi : « Une pareille publication contient-elle le délit d'offense envers la personne du Roi? Évidemment oui; pour résumer en peu de mots l'article dont vous venez d'entendre la lecture, il représente le Roi élu en 1830 comme ayant déserté tous les intérêts nationaux. La Pologne, il l'aurait volontairement sacrifiée à la politique de la Russie. Il se serait engagé, dans l'intérêt de l'Angleterre, à abandonner Alger. Le chef de l'État ne serait préoccupé que de l'idée de perpétuer sa dynastie, n'importe par quels moyens. Enfin, quant au projet de fortifications, il n'aurait pas été dicté par le patriotisme et le sentiment de la défense nationale, il se lierait à une intention de tyrannie, il aurait pour but de comprimer l'intérieur. Ce n'est pas contre les ennemis de la France, mais contre les citoyens qu'on voudrait les tourner. Si le Roi était tel qu'on vous le représente, il faudrait voir en lui un tyran ne marchant que par les voies de la dissimulation; il faudrait le ranger parmi ces princes qui établissent leur empire non sur la vérité, mais sur le mensonge, qui parlent d'une manière et agissent d'une autre. Il y a injure, il y a offense. Sur ce point la contestation est impossible. *La France* l'a bien compris : la publication vient en aide à sa haine. Voyez, dit-elle au public, c'est lui qui révèle sa pensée, qui nous révèle les secrets de ses pensées intimes, qui nous dit ce qu'il est, ce qu'il veut, où il va!... Et pour qu'on ne se méprenne pas sur la portée de l'écrit, *la France* l'intitule *La politique de Louis-Philippe expliquée par lui-même*. C'est le Roi pris corps à corps; on le force à descendre dans la lice, on le présente les lettres à la main, et on le signale à la haine, à la vengeance et à l'indignation publiques. Les lettres à la main! les avait-on? A cela il y a un premier obstacle, c'est qu'elles soient vraies; c'est là un fait impossible et que toutes les vraisemblances repoussent. Voyez donc! Cet homme qui, si ces lettres étaient vraies, serait un homme si perfide et si astucieux, le voilà qui va se dévoiler lui-même, qui va mettre à nu toutes ses pensées les plus occultes! Est-ce que l'expérience la plus ordinaire n'apprend pas qu'en une matière si délicate il est périlleux d'écrire, qu'une lettre peut échapper des mains du destinataire, qu'il est des choses qui se disent et ne s'écrivent pas. C'est pourtant le contraire qui a été fait avec un luxe de répétitions vraiment inouï : il est impossible que les lettres soient vraies,

« Il existe encore un autre motif de le décider ainsi : à qui donc le Roi aurait-il adressé ces lettres? Si nous nous en tenons aux fragments, rien ne nous l'indique. Il existe cependant un mot, le mot *ambassadeur*, qui donnerait lieu de penser qu'elles étaient adressées à M. de Talleyrand. Ainsi le destinataire serait l'homme le plus habile dans l'art de la diplomatie ; et cet homme, dépositaire de secrets aussi importants, n'aurait pas su les garder, il aurait conservé de pareilles lettres au lieu de les brûler ! Non, elles n'ont pas été écrites par Louis-Philippe, elles n'ont pas été reçues par M. Talleyrand.

« Qu'il s'agisse d'un simple particulier, qu'en lui attribuant une lettre où on l'attaque dans ce qui lui est plus cher que sa fortune, son honneur, personne ne lui contestera le droit d'aller trouver son agresseur et de lui dire : Vous m'avez imputé une lettre, montrez-là!... Eh bien, messieurs, bien qu'il n'y ait pas parité, bien qu'il s'agisse ici du chef de l'État, d'intérêts bien plus sacrés, c'est ce qui a été fait. On a été au devant du gérant de *la France*, et on lui a dit : Si les lettres ne sont pas fausses, c'est sur un original que vous avez imprimé ; cet original, on vous le demande, montrez-le : c'est la seule garantie qu'il n'y ait pas faux ou supposition de votre part. C'est alors, messieurs, que le plus étrange système s'est fait jour ; il a fallu que ce fût l'homme insulté, diffamé, outragé qui vînt à plusieurs reprises sommer le gérant de produire les lettres. Savez-vous la réponse qu'il a faite au juge d'instruction : « Les lettres sont vraies, j'ai les originaux entre les mains ; mais vous n'êtes pas mon juge, et je ne vous les remettrai pas ; c'est devant le jury que je me réserve de les produire. » Voilà déjà un retard bien ordinaire. Est-ce que vous ne comprenez pas que votre seul moyen de défense consiste dans la production des lettres? Chaque jour de retard est un motif de plus de les croire fausses. Aussi longtemps que vous reculerez devant la nécessité de la production, on devra vous réputer faussaire.

« La saisie était du 25 janvier, la poursuite en faux est surannée ; on presse le gérant de s'expliquer ; jusqu'au 5 mars il persiste à ne] pas répondre. A cette époque on se trouve dans cette position que la réalité de l'existence des originaux n'étant nullement justifiée, il était possible qu'il y eût invention de la part du journal. On fut dans la nécessité de dire : Vous ne représentez rien, nous avons tout fait pour arriver à la découverte des pièces, les éléments du faux manquent, et le procès doit se réduire à un délit d'offense envers la personne du Roi en lui attribuant des lettres. Telle est la position du gérant devant vous. Depuis l'arrêt de renvoi, rien de nouveau, et tout à l'heure encore nous demandions au gérant et au défenseur s'ils étaient dans l'intention de produire des pièces justificatives ; si on ne nous a fait que des réponses évasives, toujours est-il que l'on ne nous a rien produit ; il n'y a donc pas dans la cause de documents originaux.

« *La France* eut recours à un autre moyen de défense que l'on peut appeler un moyen désespérée : elle ne peut produire les lettres ; par ce seul fait, sa mauvaise foi est prouvée.

« L'ordonnance intervient le 5 mars ; ce jour-là MM. Lubis et de Montour sont mis en liberté. Quel usage vont-ils en faire? Le 20 mars M. Lubis va à Londres dans le but sans doute de concerter sa défense ; et avec qui! Ah! Messieurs, c'est ici que nous rencontrons pour la première fois un nom que nous n'aurions pas eu le courage de faire intervenir dans ce procès si *la France* ne nous y avait obligé. Jamais, dans les premiers temps, le nom de cette femme n'avait été prononcé par MM. Lubis et de

Montour : si alors on leur avait reproché de s'être concertés avec elle, ils auraient pu repousser cette allégation comme une colomnie. Eh bien, c'est cette femme qui a fait, nous pouvons le dire, pour le besoin de la cause, une déclaration qui vous prouve à quelle misérable extrémité *la France* s'est trouvée réduite.

« Voici, Messieurs, cette déclaration que l'on a eu soin de traduire et de répandre en France :

« *Ma réponse aux journaux anglais et français au sujet des autographes de* Louis-Philippe; *partie écrite durant son émigration et les autres sortant du portefeuille secret de* Talleyrand.

« Le moment est enfin venu pour moi de rompre le silence. Jusqu'à présent j'ai laissé passer les attaques dirigées contre ma personne et contre mon caractère sans élever la voix, sans faire entendre aucune plainte, sans protester au nom de la vérité; les outrages de toutes sortes, les calomnies les plus odieuses ont circulé sans qu'un mot échappé de ma plume leur ait donné un démenti facile et solennel.

« Cette attitude passive avait un motif que je puis dire honorable; je craignais de compromettre, en intervenant directement, le sort de deux hommes que je ne connais pas, dont je ne partage ni les opinions ni les sympathies politiques, mais que je voyais victimes d'un pouvoir arbitraire, et privés de leur liberté par un machiavélisme que j'abhore parce que j'en connais toute l'abjection. Tant que le rédacteur et le gérant du journal *légitimiste* (*La France*) ont été sous les verroux, tant qu'il a existé quelque incertitude sur la nature du procès qui leur était intenté, j'ai fait taire tout amour-propre, tout intérêt personnel; maintenant que j'ai rempli un engagement volontairement contracté, la parole m'est enfin rendue, et je vais détruire de fond en comble l'échafaudage de mensonges et de fausses allégations que la calomnie élève en face de l'opinion publique pour masquer la vérité; c'est en Angleterre que je ferai mes preuves, parce que l'Angleterre est un pays d'heureuse liberté et que la justice n'y est pas vassale de la politique; un juge n'y est point un instrument ministériel; la magistrature y est indépendante, elle comprend toute la sévérité de ses devoirs, on n'y verrait point un magistrat se constituer l'aveugle instrument d'un chef de police. En Angleterre le principe de la responsabilité est pratiqué avec une constante fermeté; un citoyen peut entreprendre de résister aux pérsécutions; la justice y est égale pour tous; inflexible comme la loi elle-même, elle domine jusqu'à ses organes, et satisfaction n'est jamais refusée à qui que ce soit.

« On sait que je suis, depuis sept années de mon séjour à Londres, en possession de lettres autographes émanées du duc d'Orléans pendant son émigration, lettres adressées au comte d'Entraigues; on sait encore que j'en posséde de plus récentes, et entre autres 42 notes confidentielles sorties du portefeuille de Talleyrand; quelques-unes de ces lettres et de ces notes ont été insérées tour à tour par la *Gazette de France* et par *la France,* sans ma participation ni mon consentement direct; mais ces documents sont de la plus incontestable authenticité. On a fait grand bruit en France de leur publication, et il ne s'est trouvé personne pour oser dire que ces pièces avaient été publiées en 1835 à Londres, partie *fac-simile,* sous le titre de *Correspondance d'un prince émigré,* et depuis les notes de la correspondance secrète de Louis-Philippe avec Talleyrand publiées en 1839, dans le journal anti-philippiste (*Le Portefeuille français*), dédié à M. Thiers, avec cette épigraphe : *Le style c'est l'homme*. Ce recueil se vendait publiquement avec toutes les formalités en usage en Angleterre. Non seulement, comme je l'ai dit plus haut, 9 pages *fac-simile* de la correspondance secrète furent distribuées également et publiquement aux clubs, aux tavernes, aux libraires et aux établissements publics, mais à diverses époques j'ai, moi, adressé et remis personnellement les exemplaires à Londres et à Paris aux *personnages* dont les noms suivent :

« Le maréchal Soult, lors de son ambassade *fort* extraordinaire.

« Au duc de Nemours, à son hôtel d'Albemarle Street.

« Au duc Decazes, au Luxembourg.

« Au comte Camille Montalivet.

« Au baron Bourquenay, chargé d'affaires.

« Au baron Pasquier.

« Et enfin, en dernier lieu, à M. Guizot, alors ambassadeur à Londres, une caricature complète avec les *fac-simile* de l'émigration de Philippe, et autres personnages plus ou moins importants dont les noms m'échappent; et pourtant on a osé en France *accuser de faux* des journalistes qui n'ont fait que reproduire mes publications, dont les autographes ont été et sont encore en partie en ma possession. Les feuilles anglaises, tous les journaux de Londres ont reçu les exemplaires de toutes mes publications, *fac-simile*, caricatures et autres depuis 1835; j'ai provoqué l'expertise de toutes les pièces autographes et calquées qui furent et sont encore à ma disposition. Des entraves sans nombre interrompirent mes publications : la crainte des uns, la lâcheté des autres firent le reste. Si j'avais calomnié Louis-Philippe, la législation anglaise était là pour me punir et le protéger; mais son ambassadeur savait et ses émissaires aussi qu'on ne pouvait ni me gagner ni m'empêcher de publier, et ils prirent le parti du silence.

« J'ai appris que M. Philippe Dupin, digne défenseur de la *pureté tricolore* de son *patron Philippe d'Orléans*, avait répété les stupidités odieuses, les plates calomnies du correspondant du *Morning-Post*, article du 20 janvier 1841, et de la *Gazette d'État de Prusse*. Quant à la correspondance du *Morning-Post*, personne n'a douté de son origine; elle émanait et était digne de son origine, comme l'a dit un journal, *elle sort d'une plume de police*. Celle de la *Gazette d'État de Prusse*, sortie de la même source impure, elle, a été expédiée à Berlin par le baron Arnim, espèce de diplomate à la suite, dont le crédit est aussi problématique que les fonctions.

« L'avocat **Philippe** Dupin a prétendu que j'avais tenu une sorte de *Bazar* où je vendais des autographes, que j'avais employé mille manœuvres pour obliger les ministres français et Louis-Philippe lui-même à racheter ces lettres, que je *fabriquais* ou *falsifiais*. M. Philippe Dupin en *a menti*, et de plus lâchement calomnié, car il a vu les autographes, et, je le répète, M. Philippe Dupin *a menti* au tribunal et à sa conscience, s'il peut lui en rester une.

« En outre M. Philippe Dupin a, dit-on, *habillé et déshabillé* ma *vieille* célébrité littéraire. Je le remercie; il me fournit un auguste quoique douloureux rapprochement : la belle et infortunée Marie d'Écosse disait sur l'échafaud où le bourreau remplit au physique cette office près d'elle : « Je n'avais pas prévu que le sort me tenait en réserve *si étrange femme de chambre*. » A vous, M. Philippe Dupin, *salut !*

« Mais, au fait, je porte un défi à l'avocat Philippe Dupin : je suis prête à prouver en justice légale que les copies que j'ai envoyées à Paris pour trouver des souscripteurs à ma collection, que ces copies sont sincères, exactes, qu'elles ont été faites sur les autographes, *ma propriété*, et que ces autographes, tant de l'émigration que du portefeuille secret de Talleyrand, sont authentiques et tous de la main de Louis-Philippe. Ces papiers autographes ne consistent pas dans quelques chiffons épars et des feuilles isolées, mais dans un ensemble de lettres, mémoires, proclamations et notes des deux époques de la vie de Philippe d'Orléans, où la pensée, toujours la même, se développe avec les événements sur lesquels elle s'exerce. J'ai défié : provoqué et provoque (ici, dans la libre Grande-Bretagne s'entend) toutes les expertises ; un jury, quel qu'il fût, confondrait les assertions *sciemment mensongères* de M. Philippe Dupin, un jury ne méconnaîtrait pas les caractères de Louis-Philippe d'Orléans.

« Le procès de la *Gazette de France* contre le *Messager* a prouvé que les juges ne voulaient ni connaître ni regarder en face la vérité ; ils ont fermé les yeux pour ne pas voir ; on a produit des pièces *originales authentiques* ; j'en produirai *cent autres s'il le faut* ; mais à quoi bon ? le président du tribunal se couvrirait encore les yeux, et le procureur du roi *ôterait ses lunettes* pour déclamer plus à l'aise sans doute, mais fort maladroitement sur *l'immortalité*, de pareilles publications et sur la *violation du secret des lettres* ; déclamations tout à fait comiques sous l'ordre de choses qui régit la France. Puis *où donc la violation et l'immoralité ?* Allons, je vois bien qu'il me faut venir en aide à M. le procureur du roi. Aucune de ces lettres et papiers ne me furent adressés personnellement : comme publiciste politique, *j'achetai* celles de l'émigration, ici, à Londres, d'un troisième dépositaire déjà, et je les *achetai pour publier*. On conviendra que tous les jours on publie beaucoup de choses moins *curieuses*, et nous répondons résolument à M. le procureur du roi que le *scandale* n'existe que dans les opinions, les principes et les atrocités anti-françaises exprimées et contenues dans les lettres autographes de *Louis-Philippe, prince émigré*, et plus tard dans la correspondance secrète du *roi des Français*. Cette dernière me fut donnée, et par là devint aussi ma propriété *pour la publication*. Ainsi donc M. le procureur du roi me permettra de lui dire qu'en fait de *morale* et de *scandale* je ne le regarde pas comme juge compétent.

« Si du reste le chef du gouvernement français eût eu à cœur de prouver que j'ai *falsifié ou contrefait ses lettres*, pourquoi ne pas couper le mal à sa racine ? Au lieu de saisir des journaux, d'emprisonner des écrivains, il fallait qu'il *m'attaquât directement*, qu'il me mît en demeure afin de produire mes preuves. Je les aurais produites ici à Londres sans crainte ; j'ai droit aujourd'hui de refuser, vu le temps écoulé depuis la publication ; cependant *je ne recule pas et suis* toujours prête à produire ces preuves ici quand j'en serai légalement requise.

« Pour la dernière fois, j'atteste de nouveau, en face de l'opinion publique, que les lettres adressées sous l'émigration au comte d'Entraigues par Louis-Philippe, duc d'Orléans (28 pages, publiées *fac-simile* à Londres), que ces lettres sont *authentiques*, que toute supposition *de falsification* est une ineptie et une absurdité. J'atteste et déclare, en outre, que les 42 notes du portefeuille de Talleyrand sont également authentiques et hors de contestation. Toutes mes publications de 1835 jusqu'en 1839 vont reparaître en *fac-simile* à un grand nombre d'exemplaires. J'annoncerai publiquement le *volume unique*, qui se composera tant *publié* qu'*inédit*, de cent vingt-six *pages fac-simile*, tout de la main de Louis-Philippe, pris est publié sur autographe. Un specimen *fac-simile* des *grandes et petites écritures du même, par extraits des passages les plus saillants, précédera le volume unique, qui, en outre, contiendra un résumé critique et moral sur les deux époques si différentes, celle de l'émigration* et celle de la royauté du 7 août, avec de fort utiles et piquantes *révélations par un homme d'État.* J'entourerai ma publication de tous les témoignages les plus irrécusables, pour que les doutes, s'il pouvait en rester ou exister encore, soient promptement dissipés.

« L'impartialité bien connue de la presse anglaise m'est garant que les journaux qui ont accueilli les articles diffamatoires dirigés contre moi, et qui, a leur insu, se sont faits l'écho de la calomnie, ne refuseront pas la justice que je réclame, en ouvrant leurs colonnes à cette déclaration; car ce serait avec une véritable répugnance que je me verrais obligée d'exiger une autre réparation de leur part.

« On m'assure que M. de Saint-Aulaire doit arriver à Londres avec l'ordre formel de m'appeler devant les tribunaux. Quel bonheur inespéré!... Je pourrai en appeler à l'ambassadeur même de Philippe en lui offrant un *fac-simile* d'un autographe signé de lui *comme président du comité grec* en 1826, pour demander à monsieur l'ambassadeur, en lui représentant sa propre lettre, d'ailleurs très-flatteuse et polie pour moi, s'il pense que sans *original* le *fac-simile* soit possible.

« Londres, 1841.   LA CONTEMPORAINE. »

« Maintenant, Messieurs, il faut nous placer au point de vue que je vous signalais tout à l'heure, c'est-à-dire à celui-ci : Sommé de produire les lettres, le gérant de *la France* a répondu : Je les produirai devant le jury. Eh bien ! nous sommes devant le jury, et vous vous rappelez ce qu'il a répondu à M. le président qui l'interrogeait. Messieurs, si les lettres étaient vraies, s'il pouvait les représenter, hésiterait-il en ce moment? Évidemment, vous n'êtes pas une justice exceptionnelle, on ne peut pas dire que devant vous on soit hors du droit commun ; le gérant ne peut concevoir aucune crainte. Eh bien ! point de pièces. A leur place, que présente-t-il? le témoignage d'une prostituée émérite, d'une femme qui n'a pas de nom, que la honte a chassée de son pays, et qui, après avoir vendu tant de fois ce qu'une femme comme elle peut vendre, est réduite à vendre les faux qu'elle commet. C'est là l'autorité du gérant de *la France,* c'est devant cette autorité qu'il veut faire fléchir le jury français. Non, messieurs, ce serait une honte, et il est impossible qu'un jury français s'en rende le complice. »

L'avocat-général combat la bonne foi qu'invoque le gérant de *la France.* D'ailleurs, ajoute-t-il, nous n'avons pas fait le procès sans nous enquérir des personnes ; et votre bonne foi, dans cette circonstance, gérant de *la France,* vous échappe par vos habitudes et vos précédents. Tout le monde connaît vos opinions politiques, tout le monde sait que vous voulez dégrader le trône nouveau au profit du trône ancien. Votre intention de nuire s'explique suffisamment par votre position. Si vous avez offensé le Roi, c'est bien sciemment. Cela ressort non pas seulement du texte de l'article incriminé, mais encore de la qualité du prévenu comme représentant, aux yeux de tous, le parti le plus hostile à la royauté de 1830.

L'avocat-général termine en déclarant que c'est avec confiance qu'il vient réclamer du jury la condamnation du gérant de *la France*.

Me Berryer prend la parole au milieu du plus profond silence.

Pour suivre M. l'avocat-général sur le terrain de sa discussion et dans les différentes parties de cette discussion même, il me sera nécessaire d'entrer dans plusieurs explications. J'espère cependant être court, et je crois que ma tâche sera facile.

Avant tout, je dois dégager le procès des dernières observations qui vous ont été faites par M. l'avocat-général. Il voudrait faire juger le prévenu non pas seulement sur les faits qui vous ont été dénoncés, mais sur sa qualité même. Le prévenu, dit-on, appartient à une opinion politique ; il appartient à un parti politique, et il suffit d'appartenir à ce parti pour être mis en prévention de haine, pour attacher à la publication des journaux qui en émanent une intention que le jury doit déclarer criminelle. Qu'est-ce donc cela, Messieurs ? C'est vouloir nous faire condamner pour crime de tendance, et ce n'est pas autre chose.

Que dans les délits ou les crimes ordinaires où il s'agit de rechercher la vérité d'un fait, de rechercher si telle action a pu être commise, on étudie les antécédents, la moralité d'un homme, je le comprends ; mais, en matière de délit de presse, vous n'avez qu'une chose à examiner : c'est l'écrit en lui-même, et non l'homme qui l'a publié. Et Dieu sait quelles réclamations multipliées parties de la bouche de tant de magistrats, de tant d'hommes libéraux, de M. l'avocat-général lui-même peut-être, se sont élevés pendant un grand nombre d'années contre les dispositions des lois de tendance qui, en matière de presse, permettaient de condamner, non pas seulement à raison des termes employés dans un écrit et mis sous les yeux des juges, mais en raison des motifs, des intentions, des dispositions, des hostilités de parti qui pouvaient être imputées au prévenu.

Tel était, en effet, le système d'une législation contre laquelle tous les hommes éclairés se sont longtemps récriés. Cette législation n'existe plus, et vouloir indirectement la faire revivre dans un réquisitoire c'est évidemment violer la loi.

J'ignore, Messieurs les jurés, à quel parti vous pouvez appartenir comme citoyens ; mais il est évident que, par de telles paroles, on cherche à réveiller dans vos consciences tout ce qu'il peut y avoir d'opposition, d'animosité, de haine même contre une opinion qu'on vous signale. Songez-y bien ! au lieu de faire de vous des juges, on veut en faire des ennemis. Ce n'est pas aux organes de la vérité qu'on s'adresse, mais à ceux des passions politiques. Je vous le dis : là tendent les efforts de l'argumentation du ministère public. Vous trahiriez votre mandat, vous donneriez un public démenti au caractère dont vous êtes revêtus si vous pouviez vous laisser entraîner dans cette funeste direction. Pour être des jurés hommes de bien, des jurés probes et libres, ainsi que vous vous y êtes engagés par le solennel serment que vous avez prêté devant Dieu et devant votre conscience, vous devez déposer en entrant ici toutes les influences de parti, de passions, d'inimitiés politiques, et n'apprécier que les faits même qui vous ont été dénoncés.

J'entre donc dans l'examen de l'article.

Il y a deux procès dirigés, l'un contre la *Gazette de France*, l'autre contre *la France,* et il ne faut pas que ces deux procès se confondent devant vous. Le rédacteur de *la France* a été arrêté, il a été incarcéré pendant près d'un mois. On a dirigé contre lui une instruction pour crime de faux. Cette instruction a été suivie avec beaucoup de soin par le magistrat qui en était chargé. Plusieurs témoins ont été entendus. Il est résulté de leur audition l'indication de certains faits que j'aurai à vous faire connaître plus tard. Mais enfin on prétendait alors qu'il y avait non seulement offense par le rédacteur de *la France* envers le chef de l'État, on prétendait encore qu'il avait commis lecrime de faux en publiant de fausses lettres, faussement attribuées à Louis-Philippe. Cette accusation n'a eu aucune espèce de résultats.

Le ministère public voulait faire déclarer que les pièces étaient fausses, que les éditeurs du journal étaient ou les auteurs ou les complices du faux. Et remarquez ici en passant, Messieurs, que la complicité, dans notre législation, a une latitude immense. On est complice quand on a participé aux faits qui ont servi à commettre le crime ou à l'exécuter, ou à en développer l'exécution : en telle sorte qu'en pareille matière la publication d'une pièce fausse, fabriquée à l'effet de porter atteinte à l'honneur, à la dignité de quelqu'un, a le caractère de la participation au faux, de la consommation de l'œuvre entière; en pareil cas, le faux n'est complet, dans la pensée de son auteur, qu'autant qu'il est rendu public.

A quoi bon, en effet, un homme préparerait-il un écrit injurieux, dans le silence de son cabinet, s'il n'y donne pas de publicité? La publicité, qui fait connaître l'écrit, c'est l'accomplissement du crime. L'éditeur de *la France* était donc poursuivi, soit comme

auteur, soit comme complice. La chambre du conseil a écarté
l'accusation du crime en laissant subsister la prévention de délit.
L'éditeur de *la France* et son rédacteur ont été mis en liberté et
renvoyés devant les assises sous la prévention de délit d'offense
envers la personne du Roi, déterminé par les lois de 1819 et 1830.

Il y a, messieurs, dans l'accusation d'offense, deux parties dis-
tinctes que la législation n'a pas suffisamment divisées et que je
dois placer sous vos yeux.

Un des numéros de *la France* renferme, dans un premier paragraphe, sous le titre de *Politique personnelle de Louis - Philippe
expliquée par lui-même,* des observations qui sont l'œuvre du rédacteur, et qu'il faut apprécier afin de voir si le délit d'offense
résulte de ce préambule.

Vient ensuite la publication de plusieurs documents qui, d'a-
près le ministère public, constitue le délit d'offense envers le chef
de l'État, et qui résulte de ce que *la France* a publié des lettres
que l'accusation déclare n'être pas l'ouvrage de Louis-Philippe.

M⁰ Berryer relit ici le préambule en question. Il fait remarquer
qu'il est impossible d'y reconnaître le moindre caractère du délit
d'offense, ou même d'une intention offensante. Les termes en sont
mesurés; il est question de l'exercice du droit constitutionnel.
Quand on y parle de la pensée intime du chef de l'État, on dit
qu'elle est dirigée vers un but, celui de donner des garanties pour
empêcher la guerre, et on ajoute que des pièces qu'on va publier
résultera la facilité pour le Roi de dissiper beaucoup d'inquiétudes.
Le préambule ne fait pas même la censure de la politique qu'il
désigne. Il est impossible de se servir de termes plus réservés et
plus mesurés sur des questions qui depuis dix ans ont été si vivement agitées dans les Chambres et dans les journaux. La pensée
immuable, le gouvernement personnel, tels sont assurément les
deux points du débat qui, depuis dix ans, est agité dans le pays. Les
ministères ont été renversés parce qu'on leur attribuait d'être les
agents du gouvernement personnel et de ne pas marcher dans la
ligne purement parlementaire.

Ainsi donc, dans le préambule, le rédacteur dit que c'est imprudemment qu'on a engagé la question sur divers points :

« D'abord sur les traités de 1815, déclarés inviolables. »

C'est assurément là le sujet de la lutte la plus violente qui se
soit engagée entre le ministère et l'opposition; l'opposition de-
nt sans cesse qu'on relevât la France du fardeau de ces

traités, et le ministère déclarant qu'il y avait engagement pris envers l'Europe. Cela est un fait notoire.

« Les fortifications de Paris comme moyen de contenir la capitale. »

La loi sur les fortifications est passée devant les deux Chambres ; elle ne l'était pas alors. Mais vous vous rappelez de quelle manière la question des fortifications avait été comprise en 1833, du soulèvement, je puis le dire, qu'excita dans l'opinion publique cette idée d'environner Paris de forts détachés. Vous vous rappelez non seulement les réclamations des journaux, mais aussi les cris poussés sur la place publique et à la grande revue de la garde nationale en juillet 1833, et cette réponse célèbre : « Mes amis, jamais de bastilles ! » C'était là l'expression du sentiment public en 1833.

Il y a plus ; et, en 1840, un écrivain fort connu, qu'on ne peut considérer comme un ennemi de l'ordre de choses actuel, qui s'est constitué au contraire le défenseur le plus zélé du gouvernement personnel, M. Fonfrède, qui a tant écrit en faveur du ministère de M. Molé, s'exprimait librement sur les fortifications dès septembre 1840, avant que la session ne fût ouverte ; et au moment où le ministère du 1er mars faisait paraître ces ordonnances qui disposaient d'une partie si importante de la fortune publique et faisaient commencer les travaux des fortifications, M. Fonfrède s'exprimait librement sur le véritable but des fortifications de Paris, et certainement en termes beaucoup plus formels que ceux qui ont été employés par le rédacteur de *la France.*

J'ajouterai que, dans une séance récente, un homme, qui n'est pas non plus étranger au système de défense du gouvernement établi, M. Liadières, s'est moqué très-spirituellement, trop spirituellement peut-être, des hommes de la gauche, en disant qu'ils étaient bien aveugles et bien peu conséquents avec eux-mêmes. « Vous n'avez pas voulu, leur disait-il, des forts détachés en 1833, « et vous voulez aujourd'hui des forts détachés avec une enceinte « bastionnée ! Il y a plus : à l'enceinte bastionnée, vous voulez ajouter « des cachots aux bastilles !... »

« L'engagement, pris imprudemment peut-être, d'abandonner Alger à l'Angleterre. »

« Je ne veux pas ici faire de la politique et rentrer dans une discussion hors de saison ; mais il y a des documents solennels dans le monde, il y a la publication des discours prononcés par des hommes d'État, et j'en tiens un ici émané d'un homme grave, d'un homme considérable qui siégeait au cabinet britannique en 1830 à côté de Wellington : c'est sir Robert Peel. Tout le monde connaît la gravité de son caractère, l'autorité de sa parole et dans quelle position politique il a été pour bien connaître les faits. Or je trouve dans le journal anglais, à la date de 1834, dans le compte-rendu des débats parlementaires :

« La France parle et agit comme si elle entendait conserver la « position permanente d'Alger, CONTRAIREMENT A LA DÉCLARATION DE « LOUIS-PHILIPPE. » (Vive sensation ; interruption.)

Or, vous comprenez que, quand des documents solennels répandus dans le monde, quand la publication des discours prononcés par les hommes d'État révèlent de tels faits, il soit permis de dire que la politique de la France s'est imprudemment peut-être engagée dans un système d'abandon de la colonie d'Alger. Il était permis de dire davantage sur la foi imposante des paroles de sir Robert Peel, que je répète ici textuellement :

« La France parle et agit comme si elle entendait conserver la « position permanente d'Alger, contrairement à la déclaration de « Louis-Philippe..... »

« L'alliance anglaise pour prix de cet abandon. »

Il est inutile de dire ici quels ont été les résultats de cette politique de la France trop imprudemment avancée dans l'alliance anglaise; les faits qui se sont produits l'année dernière parlent, ce me semble, d'une manière assez éclatante.

Enfin « abandon de la Pologne. »

Vous savez, messieurs, quel a été le résultat de la politique suivie à l'égard de la Pologne. Vous vous rappelez et les paroles de M. Sébastiani et celles d'aujourd'hui, qui en sont réduites au regret; ces débats qui se renouvellent tous les ans pour faire insérer dans l'adresse quelques phrases qui témoignent de ces regrets. Vous savez que le commencement des malheurs de la Pologne date du commencement de la monarchie de juillet.

Voilà l'examen de la première partie du procès. Il s'agit dans la seconde de la publication de lettres; et ici, Messieurs, pour vous mettre à même de rendre une décision équitable, conforme aux principes, je dois m'expliquer sur le caractère général de l'accusation quant au délit d'offense résultant des faits même de la publication.

Il y a quelque chose qui m'a paru rester vague dans le réquisitoire de M. l'avocat-général. Entend-il que la publication d'une pièce très-incontestable ne peut être considérée comme une publication de laquelle pourrait résulter le délit d'offense? Je le crois; il m'a paru rendre hommage à cette vérité, qu'il n'y a pas offense à reproduire l'œuvre d'un autre, à publier ses propres lettres. Ainsi donc il est reconnu que la publication d'une pièce vraie ne peut constituer le délit d'offense par la voie de la publication.

Qu'avez-vous donc à examiner d'abord? C'est la question de savoir s'il y a eu mauvaise foi dans la publication; ensuite si cette publication est une invention du journal, ou si au contraire elle n'est, pas celle d'une pièce vraie; si, dans tous les cas le journaliste n'a pas agi de bonne foi.

Je m'arrête à ces mots : je n'ai pas besoin de faire comprendre à des hommes de bonne foi que la justice ne peut avoir deux poids et deux mesures, deux ordres différents d'idées à l'aide desquelles pour tel homme ou tel autre on jugera diversement pour des faits parfaitement identiques.

Cinq journaux avaient été saisis avec *la France* et prévenus du même délit d'offense : c'étaient *le National*, *le Commerce*, *l'Écho*, la *Gazette de France* et *la Quotidienne*. Ces journaux ont été traduits devant la justice et la chambre du conseil en première instance. Ils avaient répété les lettres citées dans les mêmes termes : ils furent renvoyés. De là résulte la confirmation de ce que je vous disais tout à l'heure, que l'offense ne résulte pas de la publication seule, qu'il faut nécessairement qu'il y ait ou invention, ou supposition, ou mauvaise foi dans la publication. Or, la chambre du conseil a jugé, à l'égard de ces cinq journaux, qu'ils avaient pu être trompés et qu'à leur égard la mauvaise foi n'existait pas.

C'est donc une question de bonne foi qui a protégé cinq journalistes, et je maintiens qu'en admettant même qu'il n'y eût à invoquer en leur faveur que la bonne foi, cette bonne foi devait les protéger tous, qu'elle doit protéger *la France* comme elle a protégé les cinq autres devant la chambre du conseil.

Ces principes posés, entrons dans l'examen des faits. M. l'avocat-général vient de vous lire ce qu'il appelle un document; c'est une déclaration faite à Londres par la Contemporaine. Je vous déclare, Messieurs, que je ne vous en aurais pas parlé. Comment imaginer en effet qu'on aurait été se cacher derrière une déclaration de la Contemporaine? Je l'avais lue tout entière dans *le Sun*, où elle a figuré le 16 de ce mois. Il paraît qu'il en a été fait une traduction. Par qui? Je ne le sais. Elle a été imprimée : je ne sais encore qui a pris soin de l'impression et de la distribution en France de cet imprimé. Mais ce que je sais très bien, moi, c'est que je ne comptais pas en faire usage, et que le ministère public paraissait en avoir grand besoin pour atténuer devant vous la gravité des faits. Aussi vous avez entendu dans quels termes il vous a parlé de cette femme qui cependant, il faut le dire en passant, paraît recevoir des lettres de graves personnages, et même de M. le comte de Saint-Aulaire lui-même.

Qui donc a fait imprimer cette traduction? Je l'ignore. Qui en parle? C'est le ministère public. Laissons donc de côté, après ces simples réflexions, la déclaration de la Contemporaine.

Vous avez pu, Messieurs, voir un fait grave à côté de l'arrêt de la Cour qui a mis hors de prévention les cinq journalistes : c'est que ces lettres sont connues dans le monde, c'est que plusieurs grands personnages les ont reçues, qu'elles ont été publiées dans un journal de Londres en 1835 et 1839. Pour vous prouver ce fait de publication antérieure, nous nous sommes armés de pièces. Voici le journal en question, *le Portefeuille français*, imprimé à Londres. Il contient quarante et quelques lettres prises, dit-on, chez M. de Talleyrand; il contient en outre des lettres du duc d'Orléans à M. d'Entraigues pendant l'émigration. Voici le certificat de l'imprimerie et de la librairie, constatant que ce journal a été publié à Londres en 1839. Je rapporte les certificats de l'autorité anglaise légalisés par M. Cooper, l'un des aldermen de Londres. Voici donc la preuve de la publication dès 1839.

Ici une première question : un journal paraît à Londres, il contient des lettres attribuées au duc d'Orléans et au roi des Français; ce journal est répandu avec une grande profusion, non seulement sous la forme d'un journal, mais d'un album où toutes les pièces imprimées ont été autographiées, où, pour garantie de leur authenticité, on en a fait un *fac-simile*. On vend à Londres 162 lettres et pièces émanées de la main du duc d'Orléans; c'est ainsi qu'elles sont annoncées. Ainsi il y a deux sortes de publications faites par l'impression et en forme de *fac-simile*. Voilà des publications bien solennelles sur lesquelles l'ambassadeur de France a eu les yeux ouverts, sur lesquelles il a nécessairement reçu quelques avertissements....

M. l'avocat-général. Voulez-vous me les passer?

M. Berryer. Bien volontiers. Ce sont les *fac-simile,* ce ne sont pas encore les lettres originales.

Comment donc se résoudra la question? Voici des pièces historiques qui sont, dit-on, émanées d'un personnage politique. De telles pièces sont publiées, voient le jour sous les yeux d'un ambassadeur de France à Londres. Cet ambassadeur, résidant près d'une nation amie, que va-t-il faire si ces lettres sont fausses, sont injurieuses pour son souverain? Il va certainement se plaindre, il va demander justice et réparation. Dira-t-on qu'il n'en a pas le droit? Cela n'est pas soutenable, et je tiens à cet égard entre les mains un document bien précieux pour la cause.

Il existait à Londres, en 1803, un Français nommé Pelletier qui avait quitté la France au moment de la première révolution. Pelletier, retiré à Londres, y faisait des journaux; il publiait aussi des brochures contre le premier consul. C'était au moment de la paix. Le premier consul se regarda comme indignement outragé par les publications de Pelletier. En conséquence, il donna ordre à son ambassadeur de rendre plainte contre Pelletier, et voici le compte-rendu du procès qui lui fut fait.

Voici, en peu de mots, l'analyse des imputation dirigées par Pelletier contre le premier consul :

« Est-ce donc pour couronner un traître que la France a banni ses rois?.... Il envoie les Français périr à Cayenne..... Pourquoi marche-t-il escorté de tant de gardes? C'est que la fortune ne se plaît pas toujours à seconder en tous lieux les grands criminels... Marchez donc, agissez, citoyens; ne comptez que sur vous-mêmes si vous voulez le renverser.... à moins que vous ayez la stupidité de croire qu'il abdiquera.... »

Voilà, jugez-en par de simples indications, quelle était la gravité des offenses sorties de la bouche de Pelletier. Il fut traduit en jugement à la demande de l'ambassadeur français, et voici quelle fut la déclaration du jury. Sans même prendre la peine de rentrer dans la chambre de ses délibarations, il rendit un verdict de non culpabilité.

Ainsi donc, vous le voyez, et c'est ici le droit commun de toutes les nations, on ne tolère pas en Angleterre que, par des publications mensongères, fausses, injurieuses, un souverain soit livré sous son propre nom au mépris public; et l'ambassadeur du roi des Français pouvait, comme l'ambassadeur du premier consul, faire saisir les publications faites en 1835 et en 1839 et les dénoncer comme fausses et injurieuses. Et songez-y bien, Messieurs, il s'agissait de faux, et pour le faux, en Angleterre, c'est la peine de mort ! Ainsi donc l'ambassadeur de France avait entre ses mains une arme terrible dont il pouvait se servir ; mais on n'a rien fait, on a gardé le silence, et voilà dans quel état la question fut livrée à la polémique des partis...

Oui, Messieurs, des partis ! et c'est un grand bonheur qu'il y ait des partis dans un pays. Sous la République il s'est trouvé des hommes de cœur et de conscience qui ont cru que ce principe était bon pour assurer au pays ses libertés, son indépendance et sa juste influence sur l'Europe. C'étaient des hommes de cœur et de conscience qui ont cru que la République pouvait atteindre ce but et qu'elle était nécessaire à la France. Ces hommes de cœur et de conscience, que seraient-ils à vos yeux si, par suite des événements, ils abandonnaient leur foi politique non pour l'honneur du pays, mais pour qu'il soit vrai de dire qu'on ne doit avoir des principes que selon le gouvernement du pays ? Il faut donc reconnaître qu'il y a eu des hommes d'honneur et de conscience parmi les partisans de la République comme il y en a eu parmi les partisans de l'Empire parmi ceux qui croyaient que la gloire des armes était le seul mobile de la considération de la France à l'étranger et le seul gage de sa grandeur et de sa sécurité à l'intérieur. Reconnaissez donc aussi qu'il y a des hommes de cœur et de conscience parmi ceux qui pensent que le seul gage de l'honneur et de la dignité du pays réside dans l'ordre invariable de la transmission de la souveraineté, des propriétés et des libertés publiques. Il faut donc des partis dans un pays ; c'est l'honneur du pays qui veut qu'il en soit ainsi.

Je dis donc que l'ambassadeur du roi des Français pouvait faire comme l'ambassadeur du premier consul, faire comme lui saisir ces mensonges. L'auteur de ces publications aurait été condamné. On n'a pas pousuivi, et je dis que ce silence du gouvernement, de son ambassadeur, qui, surtout vis-à-vis de l'étranger, est placé dans une condition de juste et irritable susceptibilité, qui ne doit jamais permettre qu'il soit dit un mot offensant à l'égard de son souverain sans en obtenir la réparation, qui dans l'espèce était placée en présence d'une législation qui condamne le faussaire à la peine capitale, qui, ainsi que le disaient les anciens, doit toujours être représenté comme ayant la dague au poing, je dis que ce silence est inexplicable.

Et qu'aura donc dit notre ambassadeur? aura-t-il dit : Je n'ai pas à me soucier de cela, je ne suis pas ambassadeur pour me mêler de pareilles affaires. Non, il n'a pas dit cela; et quel est l'écrivain français qui aurait pu croire qu'il se fût à ce point montré indifférent à ce qui touchait de si près à l'honneur et à la dignité du chef de l'État?

L'écrivain, voyant que l'ambassadeur gardait le silence, a dû nécessairement se dire : Si les publications en question n'ont pas été poursuivies, c'est qu'on les regardait comme vraies, c'est qu'on n'a pas pu les déclarer fausses. De quelque manière donc que les pièces soient arrivées à la connaissance de ceux qui les ont publiées, la vérité de ces pièces, aux yeux de l'écrivain français, est résultée du silence de l'ambassadeur. L'ambassadeur, à ses yeux, se serait rendu coupable de trahison si, voyant offenser son maître et pouvant faire condamner le faussaire, il avait gardé le silence.

Au commencement de cette session, qui n'est pas encore close, de grands débats ont porté bien haut. On a dit que le système tendait à sacrifier partout la France à l'Angleterre, que la France était dépossédée de ce qui faisait sa force autour d'elle, que ses amitiés naturelles étaient rompues, qu'il y avait une prédilection pour l'Angleterre dans la marche du cabinet, dans ce qu'on pouvait appeler la politique permanente suivie depuis dix ans. C'est alors que la *Gazette* a publié les lettres écrites par M. le duc d'Orléans, de 1808 à 1809, pendant l'émigration. Ces lettres faisaient partie de la publication faite en 1835 en Angleterre.

Dans un pays où on attribue à l'auteur présumé de ces lettres des sentiments tout français d'une fidélité inviolable au drapeau tricolore, la publication faite par la *Gazette* était une chose sérieuse. Si cette publication était fausse, c'était la chose la plus injurieuse du monde. Je suis bien obligé, pour vous faire apprécier le caractère des publications faites par la *Gazette*, de faire ici ce que je viens de faire pour la publication faite à Londres, et de vous dire que ces publications, couvertes à Londres par le silence de l'ambassadeur, ont été également couvertes à Paris par le silence du ministère public, qui n'a pas cru devoir poursuivre. Voyons quels étaient les termes de la publication de la *Gazette*. Assurément je ne veux pas vous lire en entier ces lettres, dont une seule ne fait pas moins de 16 pages in-4°. Je ne vous en lirai que quelques passages :

« .... Mon Carricle m'attend sur la route de Hampton-Court, et je dois y être rassis au mois de juin, parce que sans cela je perds , au mois de juin, et mon *traitement* et la *protection* de l'Angleterre , que je ne suis nullement disposé à abandonner. »

« .... Il paraît que Soult se trouve dans une situation fâcheuse et qu'il est pressé par La Romana et le général Craddick. *J'espère qu'ils vont être écrasés en Espagne.* (Mouvement.)

« .... La responsabilité n'est à craindre que quand on ne réussit pas. »

« .... Il y a en Espagne des armées françaises qui vont se trouver, *je l'espère du moins*, dans des positions désastreuses. »

« .... Quand je sens, quand je vois, que je touche au doigt et à l'œil tout ce que je pourrais faire si l'on s'entendait avec moi et si l'on avait pas toujours l'air de me tenir sous clé à Hampton-Court ou à Twickenham, ma position bizarre présente, il me semble , quelques avantages que je puis m'exagérer, mais dont il me semble qu'on pourrait tirer parti, qui est tout ce que je demande. Je suis prince français, et cependant je suis Anglais ; d'abord par besoin, parce que nul ne sait mieux que moi que l'Angleterre est la seule puissance qui veuille et qui puisse me protéger ; je le suis par principe, par opinion et par toutes mes habitudes, et cependant je ne suis pas un Anglais aux yeux des étrangers ; quand ils m'écoutent, ce n'est pas avec la même prévention que quand ils écoutent ce qui leur est dit par un ministre et par un général anglais. Je pourrais donc, dans beaucoup de cas, établir cette conciliation et cette bonne intelligence dont le défaut a si souvent entravé et même fait avorter les entreprises du gouvernement anglais. »

Je dis qu'en publiant de telles lettres la *Gazette* a publié des choses qui devaient être offensantes au dernier point pour l'auteur désigné de ces lettres, surtout à raison du caractère qu'on lui attribue, eu égard à la part qu'il a prise dans la politique du temps. Cependant, vous le savez, le ministère public a gardé un silence absolu.

Est arrivée la discussion de la loi sur les fortifications. C'était un grande affaire, comme vous savez, et le journal *la France* publia l'article qui vous est déféré, et à la suite du paragraphe que je vous ai lu elle inséra trois notes, l'une sur Alger, l'autre sur la Pologne, l'autre sur les forts détachés. Elle ne se livra à aucune discussion, et n'exprima même pas d'opinion sur la politique signalée tant de fois par tant de monde qu'il est inutile de s'excuser d'avoir reproduit des idées développées depuis dix ans dans les débats incessants de la polémique. Je ne vous en parlerai donc plus, je ne vous rappellerai plus les paroles si insignificatives de sir Robert Peel et les publications plus récemment faites par M. Sarrans : je ne veux pas, encore une fois, entrer dans l'appréciation de cette politique. Mais voyons ce que cela fait à la cause, et s'il y a là lieu d'admettre un soupçon, un simple soupçon de mauvaise foi.

Je dis que la bonne foi de *la France* est déjà établie dans la cause par deux points dominants : parce que d'abord les lettres publiées à l'étranger, imprimées et reproduites en *fac-simile* sous les yeux de l'ambassadeur, n'ont pas été poursuivies, parce qu'ensuite, dans ces mêmes publications et *fac-simile* qui n'ont pas été poursuivis à l'étranger, la *Gazette de France* a extrait trois lettres offensantes qui n'ont pas été poursuivies en France par le ministère public. Lors donc que ces publications, soit en Angleterre de la part de notre ambassadeur, soit en France de la part du ministère public, n'ont été suivies d'aucune poursuite, ni même d'aucune protestation, d'aucun acte quelconque de démenti contre la sincérité de ces lettres, je dis que c'est là une preuve évidente de bonne foi de la part de celui qui a cru pouvoir reproduire de semblables lettres.

Allons plus avant maintenant et disons toute la vérité. Il a été fait une instruction pour crime de faux : c'était là le titre de l'accusation. La question devint alors grave; elle était ainsi posée : Y a-t-il eu faux? Les pièces originales existent-t-elles? Vous n'avez jamais pu le croire, vous disait tout à l'heure M. l'avocat-général, on ne commet pas de telles imprudences. Quand on a à communiquer de telles pensées on ne les écrit pas, on les communique directement à celui qui doit les entendre. Je réponds, moi, que tous les jours un roi écrit à son ambassadeur, qu'il n'y a pas de tiers interposé entre lui et celui qui reçoit la confidence de ses pensées. De telles lettres sont remises à des mains sûres. Il n'y a donc rien d'absurde à supposer que de telles lettres aient pu être écrites à M. de Talleyrand.

Mais, dit le ministère public, d'où tenez-vous ces lettres? Elles vous viennent de la main d'une femme dont la vie s'est passée dans la honte et l'opprobre. Mais oubliez-vous donc qu'il y a une autre personne que l'auteur, quel qu'il soit, de cette publication qui les a vues ces lettres? J'ai là une déposition qui mérite assurément toute confiance; car à quelque parti qu'on appartienne, le témoin dont je parle porte un nom qui assurément et à bon droit peut se dire en France honoré de ses amis et de ses ennemis. C'est celui d'un homme qui, aux yeux mêmes de ceux qui l'ont combattu, est un homme de cœur et d'honneur, qui appartient à une famille dont le sang est noblement français. Or voici ce que déclare M. le marquis de Larochejaquelein. Il s'exprime en ces termes :

« Je me nomme Henri-Auguste, marquis de Larochejacquelein, propriétaire, demeurant ordinairement à Orléans, aujourd'hui à Paris, rue Thérèse. Je fais serment de ne rien dire que la vérité ; mais je ne puis faire celui de dire tout ce que je sais, forcé que je suis à une réserve dont je ne dois pas m'écarter. »

Puis il prête serment.....

M. l'avocat-général. C'est un serment incomplet ; cela ressort des réserves mêmes de M. de Larochejacquelein.

Me Berryer. Je ne vous l'ai pas dissimulé, je pense.... Ne m'interrompez donc pas ?

M. l'avocat-général. Ce n'est pas un serment légal.

Me Berryer. C'est le serment de ne dire que la vérité. Au surplus, soyez tranquille, nous en dirons davantage... Le juge l'interroge :

« Avez-vous vu ou avez-vous en votre possession des lettres ou des extraits de lettres publiés par le journal *la France ?*

« Je suis obligé de me reporter aux lettres originales de la *Gazette.* J'ai eu momentanément en ma possession, et comme simple objet de curiosité, les lettres dont les fragments ont été publiés par la *Gazette.* Ces lettres ont passé entre mes mains comme entre celles de beaucoup d'autres. Je ne connaissais pas l'écriture de Louis-Philippe. J'ai montré ces lettres à des personnes qui lui sont dévouées et qui connaissent parfaitement son écriture : ces personnes m'affirmèrent l'authenticité incontestable des documents que je leur donnais en communication. Je dois même dire qu'un personnage qui de tout temps a donné et donne encore à Louis-Philippe des preuves d'un dévoûment sans bornes fondit en larmes à leur lecture, et me confirma ainsi dans cette pensée qu'on ne pouvait élever le moindre doute sur l'authenticité des lettres. Je rendis ensuite ces lettres, qui furent publiées par la *Gazette.* Je dois ajouter qu'elles ne contenaient ni surcharges ni interpolations de la nature de celles dont parlent les journaux du gouvernement.

« Pendant le temps que j'eus en ma possession ces lettres incontestables, je les examinai attentivement. Je vis et j'examinai avec la même attention les lettres sur les forts détachés publiées plus tard par *la France.* Elles me parurent parfaitement semblables à toutes les autres. Je n'ai pas vu les deux autres ; mais comme je ne me suis jamais occupé d'écritures, je me procurai de l'écriture de Louis-Philippe et je la donnai à quelqu'un qui voulut la comparer avec la lettre en question. Cette personne reconnut entre la lettre sur les forts détachés et la pièce de comparaison une identité parfaite. »

Ainsi, vous le voyez, Messieurs les jurés, ce n'est pas sur la foi d'une femme perdue de mœurs que *la France* a cru à la sincérité de ces lettres, c'est sur celle d'un Français, d'un homme d'honneur!

C'est sur la foi aussi d'un homme attaché, dévoué au gouvernement actuel qui, en voyant ces lettres et en reconnaissant l'authenticité, n'a pu, dans son dévouement, s'empêcher de verser des larmes.

Ainsi donc voici déjà trois choses et trois choses immenses. La publication faite en Angleterre et non attaquée par le gouvernement. La publication faite en France et non attaquée par le ministère public. La parole d'honneur de M. Henri de Larochejacquelein qui a vu les lettres, qui les a communiquées à des hommes attachés au gouvernement qui, après examen attentif, ont parfaitement reconnu l'écriture de Louis-Philippe.

Maintenant que vont devenir ces lettres? Je vais vous le dire et vous le dire sincèrement. Une instruction en faux a eu lieu à Paris, vous savez comment elle s'est terminée; mais cette instruction interrompue à Paris peut être continuée à Londres. La personne qui y a fait ces publications dont je vous ai parlé peut être poursuivie. Si elle n'a pas là de preuves à rapporter, si elle ne peut produire les lettres originales, tranchons le mot, elle sera *pendue :* la loi anglaise prononce la peine de mort pour le crime de faux. Vous concevez que dans cette circonstance la personne en question ne veut pour rien au monde remettre les trois lettres que M. de Larochejaquelein a vues et qu'il a fait vérifier. « Non, dit-elle, je ne puis vous remettre ces trois lettres, je ne puis m'en dessaisir. L'ambassadeur de France peut en Angleterre faire continuer contre moi les poursuites pour crime de faux; sans mes pièces justificatives je serai pendue. » Voilà pourquoi elle ne veut pas s'en dessaisir.

Quant aux autres lettres originales du duc d'Orléans, lettres publiées par la *Gazette* et non poursuivies, elle nous les a remises; les voici en original, entendez-le bien! écrites en 1808 et 1809, sur du papier de ce temps-là; entendez le bien encore! portant dans sa pâte, dans le filigramme, la date de 1808 et 1809. Elles sont écrites de la main du duc d'Orléans.

M. l'avocat-général. Que vous prétendez être de la main...

Me Berryer, vivement. Encore une fois, monsieur, ne m'interrompez pas, je vous prie! Les voilà ces lettres où sont ces phrases effrayantes et ces maximes d'État parmi lesquelles je recommande à votre attention celle-ci :

La responsabilité n'est quelque chose que quand on ne réussit pas.
Les voilà !

D'où viennent-elles? Elles viennent de la même personne, du même dépôt, de la même publication. Ces lettres, elles ont contraint au silence et notre ambassadeur à Londres et le ministère public en France. La personne qui les a remises a remis toutes celles pour lesquelles elle ne craint pas de poursuites ; mais quant à celles à l'occasion desquelles elle craint une poursuite en faux, elle ne veut pas s'en dessaisir. Elle veut conserver par devers elle une justification infaillible contre la potence dont elle est menacée.

Voilà la vérité des faits : il a été impossible d'obtenir les dernières lettres émanées de la même personne, livrées à la publicité par le même individu. Voilà ces lettres toutes semblables, vous le savez, à celles que nous ne pouvons vous produire ; voilà ces lettres originales , portant dans le filigramme du papier la preuve qu'elles ont été écrites en 1808 et en 1809 ; les voilà, je vous les livre. Voyons si vous voudrez baser sur elles une accusation de faux. Vous dites que *la France* a publié des pièces fausses : commencez donc par démontrer que celles-ci sont fausses, car vous ne pouvez les désunir, vous ne pouvez les séparer les unes des autres, car on vous a dit qu'elles étaient identiques. Elles ont été reconnues telles par des hommes dévoués au gouvernement. Je vous les livre ; nous répondons de leur publication. (Vifs applaudissements.)

M. le président. J'ai déjà fait observer à l'auditoire que ces manifestations étaient contraires à la loi et au respect dû aux magistrats. C'est une grave infraction à l'ordre ; si elle se renouvelait je ferais sortir l'audience tout entière.

Un juré. Je demande à voir ces lettres.

M⁰ Berryer. Je les fais, à cet effet, passer à M. le président.

J'arrive maintenant aux observations qui vont compléter la démonstration de bonne foi et de probité à laquelle M. l'avocat du roi faisait tout-à-l'heure une invocation.

Vous avez vu, Messieurs les jurés, comment ces lettres ont vu le jour, comment elles ont été produites par la publication ; vous savez quel silence a été gardé et sous quel protection le gouvernement français s'était mis à couvert ; vous savez qu'un homme d'honneur a garanti par serment l'authenticité de ces lettres avant que la publication en ait été faite par le journal *la France ;*

enfin vous avez vu ces lettres sur lesquelles il n'y avait pas eu de prévention de faux : nous les produisons en justice.

Maintenant, comment sont-elles venues en la possession de quelqu'un ? M. d'Entraigues les a-t-il laissées en mourant ? Les a-t-on détournées du cabinet de M. de Talleyrand ? C'est ce que l'instruction pouvait savoir : c'est, Messieurs, ce qu'elle n'a pas voulu savoir. (Mouvement.) On a arrêté la procédure au moment où on était sur la voie. Voici à ce sujet les déclarations de témoins reçues dans cette instruction qu'on a commencée et abandonnée.

Le sieur Colmache dépose :

« J'ai été secrétaire de M. de Talleyrand depuis 1827 jusqu'en mai 1838 : jamais je n'ai eu en ma possession ses papiers importants. M. de Talleyrand, depuis la fin de 1830, époque à laquelle il est rentré aux affaires, les tenait toujours dans le tiroir de son bureau, dont il gardait la clé attachée à la chaîne de sa montre. Jamais je n'ai entendu dire qu'il ait communiqué à personne des lettres importantes. Cependant, à la fin de 1832, M. de Talleyrand soupçonna qu'un homme de sa maison avait cherché à ouvrir le tiroir de son bureau. On n'eut aucune preuve ; néanmoins cet homme fut renvoyé. »

Qu'est devenu cet homme ? Messieurs, je n'en sais rien ; ce que je sais c'est qu'on ne l'a pas cherché.

Une femme a été arrêtée dans la même instruction, et voici son interrogatoire :

« J'ai été élevée chez M. le prince de Talleyrand. Il y a longtemps qu'une personne de cette maison me dit qu'elle éprouvait un grand besoin d'argent, et que si on lui en donnait elle livrerait des lettres fort importantes. J'acceptai, et elle me livra 63 lettres, pour lesquelles je ne donnai pas précisément de l'argent, mais elle m'en devait en ce moment, et elle m'en emprunta depuis. Ces lettres ont depuis été gaspillées ; elles ne sont pas restées en ma possession. »

« Voilà, vous le voyez, Messieurs, un fait fort mal énoncé, voilà une instruction laissée à moitié. Quel était cet homme soupçonné d'avoir mis la main dans le secrétaire de M. de Tailleyrand ? Quelle était cette femme qui a livré des lettres pour avoir de l'argent ? Ce sont là deux faits bien positifs dont on aurait pu bien facilement avoir la vérification ; mais on s'est arrêté, on a abandonné l'instruction de faux, et nous arrivons ici pour un simple délit d'offense.

« On vous a dit à propos de ce délit qu'il n'y avait rien de plus offensant que ce qu'a publié *la France*. Moi, je vous dis que, si elle l'a publié de bonne foi, elle doit être hors de cause. Or, il y a eu bonne foi de la part de *la France* quand, demandant les originaux des lettres qu'elle a publiées à ceux qui en étaient dépositaires, ceux-ci ont répondu. « Nous voulons bien vous livrer, vous abandonner les lettres à l'occasion desquelles il n'y a pas eu de poursuites; mais quant à celles qui ont donné lieu à une instruction de faux, nous ne pouvons pas nous en désarmer. »

En reprenant donc pour notre compte les mots à l'aide desquels M. l'avocat-général, en commençant son réquisitoire, cherchait à captiver votre attention, je vous dirai qu'il s'agit ici d'un procès de simple probité, qu'il est impossible pour un homme probe de ne pas reconnaître qu'il y a eu au moins bonne foi dans la publication faite dans de telles circonstances de documents pareils, déjà publiés antérieurement; que cette publication ne peut être regardée comme une invention du journaliste de Paris, comme une supposition dont le journaliste de Paris se serait rendu coupable par un mouvement de haine politique. La bonne foi résulte de la publication de documents déjà connus, publiés sans avoir été poursuivis ou même démentis. Les circonstances qui prouvaient cette bonne foi ont déjà été accueillies en faveur de cinq journaux. La bonne foi peut aussi être invoquée en faveur de *la France* dans toutes ces circonstances que j'ai sincèrement exposées devant le jury. Vous le reconnaîtrez dans votre déclaration en reconnaissant son gérant non coupable.

M. l'avocat-général. Messieurs les jurés, si jamais le ministère public s'est trouvé dans la nécessité de répondre à un défenseur, c'est assurément aujourd'hui; car, témoins dans ce combat, vous l'avez vu, nous n'avons été prévenus de rien.

Le ministère public dit qu'il n'ignorait pas la publication du *Portefeuille français;* on n'avait pas besoin d'un certificat pour attester l'existence de cet écrit. On a parlé d'une poursuite en faux qui n'aurait pas été faite. Est-ce qu'on pouvait poursuivre sur une simple impression sans avoir en sa possession des originaux?

Le ministère public rappelle que d'ailleurs les lettres de *la Gazette de France* datent de 1808, époque de l'émigration de Louis-Philippe, et il s'étonne de l'argument que Mᵉ Berryer a tiré de la publication de ces lettres en faveur de *la France*. Nous n'avons, dit-il, rien à répondre à cet argument, et puis on n'échappe pas à une poursuite en disant qu'un autre n'a pas été poursuivi. Au surplus, il y a une raison qui saute aux yeux de tout le monde. Qu'est-ce donc que le Roi? La personne qui a été élue en 1830, voilà le roi de la nation; mais quant à l'homme qui, à une certaine époque, n'était pas roi, nous n'avons pas à nous en occuper, nous n'avons mission que de défendre le roi des Français; c'est contre la calomnie dirigée contre sa personne que nous lui prêtons ici notre organe.

Un nom a été prononcé, et nous sommes heureux d'entendre prononcer, au milieu de ces noms déplorables, un nom pur, un nom illustre, un nom que nous ne demandons pas mieux que d'honorer, c'est le nom de M. le marquis de Larochejaquelein. Nous aurions pu nous opposer à ce qu'on rapportât ici sa déclaration, mais nous ne l'avons pas voulu; toutefois, nous ferons observer que M. Larochejaquelein n'a pas voulu prêter le serment légal, le serment de dire toute la vérité, mais seulement le serment de ne dire rien que la vérité. Eh bien, messieurs, nous nous emparons de sa déclaration, et nous dirons qu'elle est une dénégation complète du système de défense de *la France*. On a dit que M. de Larochejaquelein avait vu les originaux. Nous soutenons qu'il ne les a pas vus. Il a vu, il est vrai, les originaux des lettres de la *Gazette de France*; quant à *la France*, il déclare qu'il n'a vu qu'une seule lettre, celle qui parle des forts détachés, et cela sans dire si c'est un original ou un *fac-simile*, et les termes de sa déclaration sont conçus de telle sorte qu'il est impossible de croire qu'il ait confondu l'original avec le *fac-simile*. Dans tous les cas, il a déclaré avec loyauté qu'il n'était pas expert et qu'il n'affirmait pas sur parole la sincérité des pièces.

Le ministère public termine en insistant de nouveau sur la condamnation de *la France*.

M⁰ Berryer. J'ai peu de mots à répondre au ministère public. Et d'abord, quant au reproche que je dois qualifier d'étrange d'avoir manqué de loyauté, qu'est-ce donc que ce débat engagé devant le jury? S'agit-il donc d'une transaction, d'une convention où l'honneur réciproque des partis soit engagé par l'obligation de communication confidentielle comme dans un procès devant des arbitres? Si je voulais me renfermer ici dans les rigueurs du droit, je dirais que les principes, en matière criminelle, sont qu'un accusé n'est jamais obligé de parler, de rien justifier, qu'il a la faculté d'attendre les preuves apportées contre lui. J'ai le droit de dire ici : Il n'y a point de preuves ; vous n'en administrez aucune à l'appui de vos soupçons! Jusqu'à ce que vous apportiez vos preuves, il peut nier, il peut vous refuser les siennes, il peut se renfermer dans une dénégation absolue; c'est à vous, organe du ministère public, de faire preuve contre lui. Voilà la vérité du droit, et, en présence de cette vérité, comment ose-t-on lui faire un reproche de manquer de loyauté?

Eh quoi! c'est au nom du ministère public qu'on vient dire : Nous ne savions pas que ces publications avaient été faites à Paris en 35, 38 et 39. Mais ces *fac-simile* ont été envoyés à tout le monde, vos amis les ont vus, ils ont été déposés à leurs hôtels, tous les personnages politiques en ont reçu, et pour ma part, je le déclare ici sur l'honneur, il m'en a été adressé un exemplaire en 1836; et le ministère public et le gouvernement français ignoraient l'existence de ces publications faites en 1835, renouvelées en 1838 et en 1839! Vous ne l'ignoriez pas : les *fac-simile*, les imprimés avaient circulé dans Paris. Ce que vous aviez lu, ce que vous aviez caché, c'est qu'il y avait eu la même publication faite en pays étranger et non poursuivie par vous.

Quant aux originaux déposés à l'audience, vous saviez enfin qu'ils avaient déjà été produits en justice dans le huis-clos d'une instruction, qu'ils avaient été même déposés sur le bureau de l'avocat du *Messager*. Celui-ci n'eut d'autre ressource que de dire qu'elles étaient fausses. Eh bien, les voilà ces lettres; prouvez-nous qu'elles sont fausses! a-t-on dit alors. Qu'avez-vous fait? Vous avez détourné le visage et vous n'avez pas voulu vous en emparer.

Vous connaissiez donc la scène qui s'était passée devant les magistrats de première instance lors du procès intenté au *Messager* par la *Gazette de France*. Il n'y avait donc rien qui ne fût connu de vous. Je ne pouvais donc pas m'attendre que, dans cette position de loyauté dans laquelle vous avez invité le défenseur à se placer, vous pourriez parler de preuves que vous demandiez et que vous avez dédaignées quand elles vous ont été offertes.

Je ne supposais pas que vous viendriez dire à un avocat qui se respecte lui-même, qui a traversé, j'ose le dire, honorablement sa carrière, qu'il viendrait sciemment déshonorer sa profession en se faisant l'avocat du faussaire. Non, telle n'est pas notre mission. Vous n'êtes pas un bourreau, comme l'avocat n'est pas le complice de l'assassin ou du faussaire. L'avocat se présente devant le jury pour lui soumettre avec loyauté les faits justificatifs de l'accusation portée contre son client, et en sortant de cette enceinte le défenseur doit pouvoir se dire qu'il a défendu une cause juste, comme le juré doit se dire à lui-même qu'il a prononcé sans haine et sans crainte, sans céder aux passions ou aux inimitiés politiques.

Je vous ai dit surtout, Messieurs les jurés, que la publication en question pouvait être couverte par une excuse complète de bonne foi. Je vous ai montré quelles circonstances faisaient ressortir cette bonne foi en faveur de *la France*. Je vous ai fait remarquer qu'à l'occasion de ces publications, qui remontent à 1835, on avait pas voulu faire de procès à la Contemporaine, comme on en fait un, dans le temps à Pelletier, par les ordres du premier consul.

A cette époque on ne manquait pas de dire que Pelletier était le dernier des hommes, le plus m sérable des folliculaires, qui vendait sa plume à qui voulait l'acheter. Je ne sais enfin quelles injures n'ont pas été accumulées contre lui. Le premier consul cependant n'a pas cru qu'il n'était pas de son honneur de se défendre contre ce folliculaire. Il l'a fait attaquer. Pelletier s'est défendu, et il a gagné sa cause. Je vous ai dit qu'à cette époque on était en paix avec l'Angleterre comme on était en paix avec l'Angleterre en 1835, 1838 et 1839.

J'ajouterai qu'en France nous avons vu de pareils exemples. En 1833, par exemple, je fus appelé par l'ambassadeur d'Espagne pour plaider en faveur d'un homme qui avait publié en France un écrit dans lequel on avait vu une offense contre les cortès. Ainsi l'ambassadeur du roi des Espagnes et des Indes ne crut pas compromettre sa dignité et celle de son souverain en venant à la 6ᵉ chambre soutenir un procès à l'occasion d'un écrit publié.

Voudrait-on de nos jours contester le droit d'intervention d'un ambassadeur dans les choses qui peuvent porter atteinte au souverain qu'il représente? Mais il y a quelques jours l'ambassadeur d'Angleterre a bien su empêcher la représentation de la pièce *Il était une fois un Roi et une Reine*, dans laquelle il supposait que devaient se trouver des allusions sur la reine d'Angleterre et son mari. L'ambassadeur est intervenu. La pièce était affichée, la représentation allait avoir lieu dans deux heures; cependant la pièce ne fut pas jouée et la salle fut fermée. L'ambassadeur d'Angleterre ne croyait donc pas manquer à sa dignité en intervenant soit dans les bureaux de censure, soit devant les tribunaux pour empêcher la publication d'un outrage dirigé contre le souverain qu'il représente.

C'est là ce qu'a fait Bonaparte quand il était à la tête du gouvernement. C'est ce que vous auriez pu faire; je dis plus, c'est ce que vous pouvez faire aujourd'hui. Aujourd'hui vous pouvez faire le procès, je vous ai remis les trois *fac-simile* certifiés conformes aux originaux. Faites poursuivre à Londres la Contemporaine; si elle n'a pas les originaux, qu'elle a conservés pour sa défense, elle sera condamnée. Le procès peut être fait aujourd'hui même. Le gouvernement peut écrire à Londres à notre ambassadeur. Vous avez les *fac-simile* des trois lettres et la déclaration de la Contemporaine, que les trois originaux qu'elle a entre les mains sont conformes aux *fac-simile*,

Mais c'est qu'à Londres vous vous attendez à la trouver armée de ces originaux. Comme elle a craint le procès, elle a voulu garder ces originaux que M. de Larochejaquelein a vus, que d'autres personnes ont vus. C'est en vain que vous équivoquez : ce sont les originaux que M. de Larochejaquelein a tenus entre ses mains, ce sont les originaux qu'il a montrés à des hommes dévoués qui y ont reconnu sans hésiter l'écriture de Louis-Philippe; qui l'ont si bien reconnue que l'un d'eux, en acquérant cette triste conviction, s'est mis à verser des larmes. Ce n'est pas sur des *fac-simile* que l'on pleure, mais sur l'écriture bien connue de l'homme auquel on est dévoué.

Ainsi donc, Messieurs, qu'il n'y ait aucun trouble, aucune incertitude dans vos esprits. En reproduisant ces écrits, ces lettres connus depuis tant de temps du public, il y a eu au moins bonne foi de la part du journal. Il a pu penser que puisque la publication déjà faite depuis 1835 n'avait pas été poursuivie, elle ne le serait pas davantage, qu'on penserait qu'il serait imprudent de l'attaquer, comme on le pense encore à l'égard des lettres originales que je dépose sur le bureau de la Cour, et dont M. l'avocat-général vous dit qu'il ne veut pas s'occuper.

Je ne reviendrai pas sur ma défense. On n'a pas poursuivi *la Gazette*, c'est parce qu'on avait apparemment d'excellentes raisons pour ne pas le faire. Comme la *Gazette* n'était pas poursuivie, on n'a pas hésité à nous remettre les originaux des lettres dont on avait fait des extraits; mais comme l'accusation de faux pouvait s'étendre jusqu'à Londres, on n'a pas voulu nous remettre les lettres qui sont la seule preuve que l'auteur des publications faites en Angleterre puisse avoir de sa bonne foi.

Vous avez en original les autres lettres émanées du même dépositaire, de la même publication. Elles ont, on vous l'a affirmé, avec trois lettres originales publiées par la *Gazette* et dont vous n'avez que les *fac-simile*, une parfaite indentité : ces lettres originales, la Contemporaine les garde pour sa défense; obligez-la à les produire.

Vous avez prétendu que j'avais dit qu'elle ne les avait pas envoyées par crainte qu'elles ne fussent lacérées. Vous savez bien que je n'ai voulu dire rien de pareil. Ces originaux que j'avais je les ai remis entre les mains des magistrats. Je sais bien qu'ils me les rendront puisqu'ils ne sont pas poursuivis, ils me seront remis avec une entière fidélité. Mais la Contemporaine n'a pas eu en tout le monde la même confiance que celle que j'ai dans les magistrats qui m'entendent. Tenez, j'ai dans mes mains un journal qui est intitulé *le Haro national normand*; il annonce ce qui suit :

« Une circulaire datée de Cherbourg, adresssée à tous les chefs de brigade, leur enjoint de surveiller avec la plus grande attention les bâtiments venant de la Belgique ou de la Hollande, afin d'empêcher l'introduction de 146 lettres attribuées à Louis-Philippe et de la nature de celles qui ont été insérées dans la *Gazette de France*. »

En résumé, Messieurs, je n'examine la cause que sous le point de vue de la bonne foi. Cette bonne foi est entière, et vous n'hésiterai pas à mettre hors de cause le gérant de *la France*.

Après cette brillante improvisation, qui a produit un immense effet sur l'auditoire, les débats sont déclarés clos par M. le président.

L'audience est suspendue pendant un quart d'heure.

A la reprise de l'audience, M. le président Poultier fait, avec une religieuse impartialité, le résumé des débats.

M. l'avocat-général. Avant que le jury se retire dans la chambre des délibérations, nous devons faire connaître que le défenseur nous a fait passer les pièces dont il a fait usage; ces pièce sont : 1° le *Portefeuille*, publié à Londres ; 2° les lettres prétendues originales, publiées par la *Gazette de France* ; 3° un *fac-simile* des lettres publiées par *la France*.

Quoique nous eussions pu maintenant nous opposer à la remise de ces pièces, qui d'ailleurs ne font rien au procès, nous allons néanmoins les soumettre à MM. les jurés, en y joignant un exemplaire de la déclaration émanée de la Contemporaine.

M⁰ Berryer demande qu'on joigne également aux pièces qu'il a fait passer les interrogatoires du dossier de l'instruction et le numéro du *Times* qui contient la phrase du sir **Robert Peel** sur la promesse d'abandon de l'Algérie.

M. l'avocat-général déclare ne pas s'opposer à la remise de ces pièces.

MM. les jurés entrent ensuite dans leur salle de délibérations.

Au bout de vingt-cinq minutes ils reviennent dans la salle d'audience, et M. le chef du jury prononce le verdict suivant :

« Sur mon honneur et sur ma conscience, devant Dieu et devant les hommes, NON, L'ACCUSÉ N'EST PAS COUPABLE. »

Un mouvement très-prononcé de satisfaction se dénote dans l'auditoire ; le respect dû à la Cour suffit à peine pour en contenir l'explosion.

M. le président, en conséquence de ce verdict, prononce l'acquittement de M. de Montour et lève l'audience.

Lorsque la Cour est rentrée dans la chambre du conseil, des bravos se font entendre de toutes parts, et la joie la plus vive éclate dans l'assemblée.

9 782014 059724